The Office U.S.

WORD SEARCH, QUIPS, QUOTES, AND COLORING BOOK

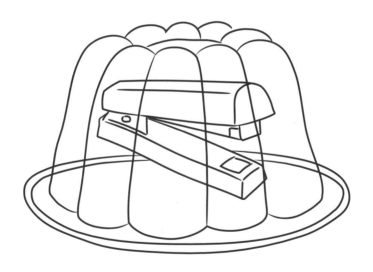

THUNDER BAY
P · R · E · S · S

San Diego, California

Thunder Bay Press
An imprint of Printers Row Publishing Group
9717 Pacific Heights Blvd., San Diego, CA 92121
www.thunderbaybooks.com • mail@thunderbaybooks.com

Correspondence regarding the content of this book should be sent to Thunder Bay Press, Editorial Department, at the above address.

Thunder Bay Press
Publisher: Peter Norton
Associate Publisher: Ana Parker
Art Director: Charles McStravick
Senior Developmental Editor: Diane Cain
Editor: Jessica Matteson
Editorial Assistant: Sarah Hillberg
Production Team: Rusty von Dyl, Beno Chan, Mimi Oey

ISBN: 978-1-64517-607-7

Printed in China

25 24 23 22 21   1 2 3 4 5

SCRANTON, PENNSYLVANIA

```
H A R R Y H O U D I N I M U S E U M Q W
W F S I S I T R Z Z J U B Y Z H R N W Z
C K T S D P O O R R I C H A R D S Z O O
B E Y Z L T Q R O V T D R O L X F N K W
B R L Z R S T E A M T O W N M A L L R M
G S B P J E P L S Z X R Y C C Z A Z G N
Y U I I V W T X M B V T T A O Z K E F R
H T L T N J N T F L N O I Z Y O N G Q E
I L R B T D M N I E U W C S V D P U T V
U E F A E E D F C J A C C B N I W E Y A
F S Z C P F N M O B L R I U G G X E R T
E O Q J V O B U E S A Y R W E B Y P B S
S N U P E G N S R N W S T Z R X Y L H E
E S P U N W D T T B V T C E R P V J G I
D D H J N E C O N P I A E M I T Y T R N
C V R V L W N B J I G L L O T G N T K R
F R Z I O T F V O Z A S E J Y S X J O E
A N F N Q P J J A B N O Q Y S V T Q E B
E F A C A Z Z I P S O D E R F L A R I T
Y T N U O C A N N A W A K C A L T O K Z
```

ABE'S DELI	COOPER'S	JITTERZ
AIN'T NO PARTY	CRYSTAL SODA	LACKAWANNA COUNTY
ALFREDO'S PIZZA CAFE	ELECTRIC CITY	LAZY SCRANTON
BERNIE'S TAVERN	GERRITY'S	POOR RICHARD'S
BRUNETTI'S	HARRY HOUDINI MUSEUM	STEAMTOWN MALL

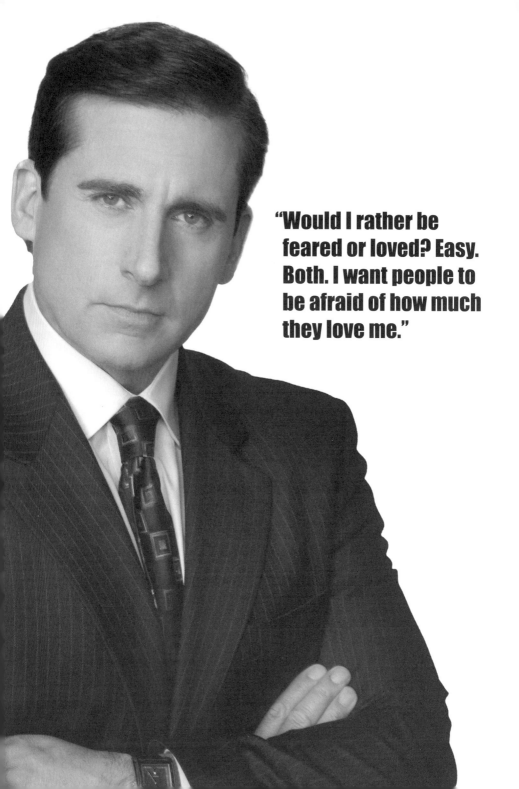

"Would I rather be feared or loved? Easy. Both. I want people to be afraid of how much they love me."

MICHAEL SCOTT

```
X D V U X G N T H I E H W H U L K G L E
I K Q C T A I Y N A P M O C R E P A P T
T Q T O N Q L G Q P S C W H A G A F O A
D S H E Z E W F S O S N O C W K N A R I
B E E G B X A I Y I T V S M O Q I R E R
B I K R U E O V D L P S I Y R O L H G P
L R I I Y I Q E K H L W O H L I F T I O
M B M J Z D F V V V N O Z H D H F H O R
M B N A P A W I X I U R H P S P I E N P
J S O N C D Z R M O F D A Y B G M D A P
S T S L T U N P S W G W O C E W R U L A
D O I E I D R V W W Y M A E S Z E N M N
A T R V E O N B R H B V Z Q T T D D A I
T S P I V P A L P C G R N Y B L N I N R
E T R N S I O K K B U L S S O D U E A B
M T X S P Y H C X O I X T H S P D S G S
I O B O W K T G M C C H X Q S X N W E A
K C G N P Y J C D C P E U S J O C W R P
E S T H A T S W H A T S H E S A I D P R
M U S H N N M I K Q S F J W Y W O B J Y
```

AGENT SCARN	IMPROV	REGIONAL MANAGER
CAFÉ DISCO	INAPPROPRIATE	SCOTT'S TOTS
DATE MIKE	JAN LEVINSON	THAT'S WHAT SHE SAID
DUNDER MIFFLIN	PAPER COMPANY	THE DUNDIES
HOLLY FLAX	PRISON MIKE	WORLD'S BEST BOSS

"An office is a place where dreams come true."

—MICHAEL SCOTT

DUNDER MIFFLIN

```
O B V G Y O R T W D R O F M A T S R R L
R J E U Z J E B A T A Q B O C Y E C A E
L L R K H C I H R U X W A E B D R I D L
A Y A R M D L R E H T E L Q N B C N B P
J E C S X I P R H N L E W U I R V C H O
D Z R E E V P Y O Q N N D R E R T I J E
W O E Z R E U H U N I T O M J R V P U P
C B M O Q R S A S D R I M O A F T Y R R
B S O Z P S L C E E P O E I Y P M N O E
U T T O H I L I B Z C F N J E F B A E P
S S S R T T E O L E E I M O V E W P O A
K P U Y I Y R X M J N F J O E I Q M G P
M H C Z D E X R H G A S P B V O S O X N
M T V L C E H A E M J L C G F Y L C N X
C O N C L A X O I T D A G R Y Y C W Y T
G N C Z U S T N E I L C Q U A O M E Q A
T V N S D O W N S I Z I N G O N R F C F
Q F A L L V P H R U U G A W X S T J R X
O T R O B E R T M I F F L I N B M O T A
X X I C M G P W E Z O D U P Z V X O N D
```

CLIENTS	DOWNSIZING	SCRANTON
COMMERCIAL	PAPER PEOPLE	STAMFORD
COMPANY PICNIC	QUALITY	SUPPLIER
CUSTOMER CARE	ROBERT DUNDER	TRAINING
DIVERSITY	ROBERT MIFFLIN	WAREHOUSE

"I LIKE waking up to THE SMELL OF BACON. SUE ME."

—MICHAEL SCOTT

THE INJURY

```
B L N L T G W U O L I K M F Z G O E U V
S Z K M X M S Q M A X B F L Y N H K G N
G H H G R D L O T T J C P E B D X O E
B O E M E U S N A I S I L E A H C I M C
P A C I D N A H O P E T D K O N S I S I
D Y W L N P D Q N S U S J I J S N Z P R
E G B V N B L H V O G Z O O U X U L M H
B E U G M H P I N H L M C C W O H S F I
N Z B P I S Y I U A A J N L N K R N G W
I G B Z Y A X W Z B I O Q S A J N C D E
T O L R A R K V C E C V X S X W A U H F
S G E L L C Q L D W E B U E C M U Q U P
A L W O F R G S C N P X A I X U M X U O
F S R W U A N F E Z S O Q A V K D W J P
K S A A Z C F O Z H J V X T E G O A Z A
A B P H W I M B C I C K D T J R R O E R
E A G Q C A T S C A N T G M H N J I Z R
R T N E D I C C A M B M U T H P V P L E
B P G Y W P V X S L R S T R R X X O Y L
C Z N D L Y G P E J Q L H C C T K Y E J
```

ACCIDENT	CAT SCAN	HOSPITAL
BACON	CONCUSSION	MICHAEL
BREAKFAST IN BED	CRUTCHES	SPECIAL GUEST
BUBBLE WRAP	GRILL	SUE ME
CAR CRASH	HANDICAP	THROW UP

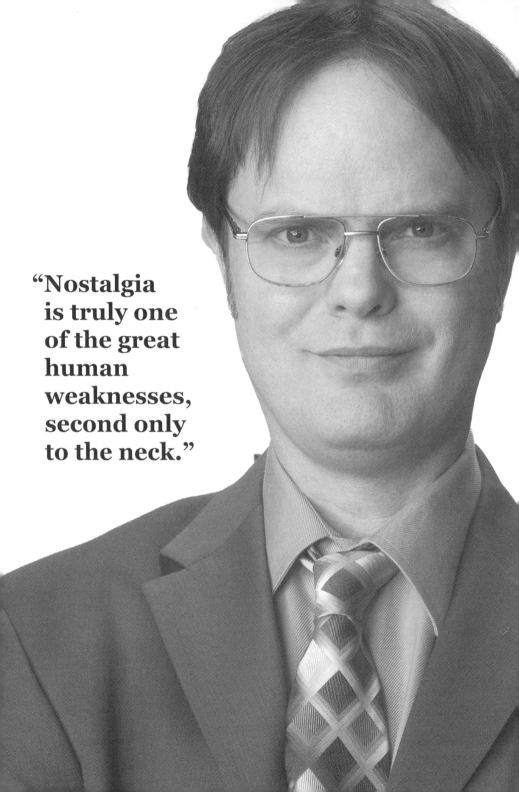

"Nostalgia is truly one of the great human weaknesses, second only to the neck."

DWIGHT SCHRUTE

```
D T W J S O U B E A O V J A T F S F M N
E K F R H E M S L F J V X S F X N V E O
C Y A E R P L B G E S W D S V K Y S U P
G E R G H A L L I R D E R I F G W A T W
B Q E N F T Y O X U D J C S H B E E T S
E N V I D Z Y L G C C G S T L O Y Q M L
M M A T N M L T V G H D E A A Z G I K I
E R E R W S S N I R P Q W N K H A S N P
C C B A G T C I G T W L J T K A R A T E
B P E M Z O P N L L N Y E T F C S L N O
M A C A K A H O E A X E J O Z L R E F I
W F I L Z A F I X M V O D Y N U S S W Y
D R T E O E V T X M H I A I K K Y M N R
G Z S G F J B S Y H P U V Q X Y C A N M
R B U N C I W E S U X S J R B A D N D Y
P S J A T Q G U Y O V W X W U T Z F D P
B Y T K F C B Q J D N Q X Q V S J L R S
V V Z S C H R U T E F A R M S O R B K F
B E D A N D B R E A K F A S T B C S C B
B M R F T E V T S C H R U T E B U C K S
```

ANGELA MARTIN	FALSE	QUESTION
ASSISTANT TO	FIRE DRILL	SALESMAN
BEARS	IDENTITY THEFT	SCHRUTE BUCKS
BED AND BREAKFAST	JUSTICE BEAVER	SCHRUTE FARMS
BEETS	KARATE	SURVIVALISM

SCHRUTE FARMS

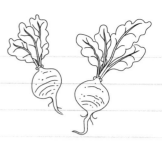

```
V Z D N E F K G M A I Q D O G G M K E D
E U A N R G T E O S J E A X F U M I Z K
J I P Z C S Z F R A D Z Y U G T O E Y O
W I R M K H H Z K U T I J O E E P D L U
I L S E D Y N X L Z N P F U E N Y U A S
N E S N Y D T C B X F A A D J T C W Y J
E K E V A H E R E E I Y M C S A P I B R
M R N D M S T S A S B W X X K G M V Z E
A J I I Q U L C H P U C U N D A D F S J
K E S Q F H X E U Y N B I B P O G O N T
I H U S L N E E O J O E R B Z D M E A U
N B B B X P O X R P C E D Q M W O J U E
G F L K P S B C B V A H W R P K O P S I
R L L X L E W E E K E N D L A R V U P Q
B B A L D W L V F M I T E M Z G O B F K
T E M Y R M P A O Y W G Z L O H W T H E
H E S C A A S A W D X R D K T M C S N D
U T G Y D T N S S P S Z U U G U B G K Q
V S H U A R J I R V M M O H X J D H C X
F D J W O I Q F I G J D H F F J J S W R
```

BED	GUTEN TAG	SECLUDED
BEETS	MANURE	SHEEP
BREAKFAST	MOAN	SMALL BUSINESS
GARDEN PARTY	MOSE	WEEKEND
GOAT PACKAGE	OUTHOUSE	WINEMAKING

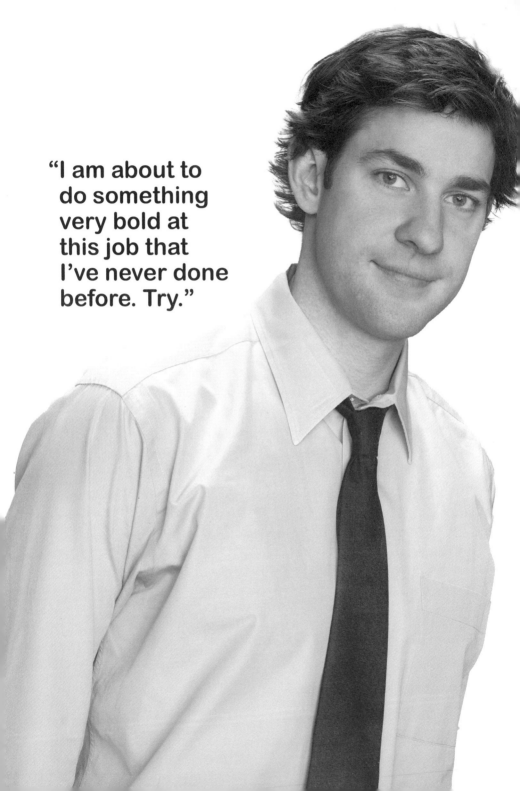

"I am about to do something very bold at this job that I've never done before. Try."

JIM HALPERT

```
J Q Z T E A P O T V I Y O L L E M R Z C
S V V J I Q I J O B L F I F M K F W V E
W A E L L L H B R S N F J Q X S X Z I O
G V L Y Y G L B E J R Q B E N N B K Q I
L S V E S X J E A Q C S Z H Z O F E Q G
Z K P O S J B G P M C L N X C I C T J T
B N S B H M I U W P N V Q Y I S O A C H
I A D Z A C A M C F I Q W J X S S D W B
G R N P L R N N O H D L H W K E T F V I
T P A D O Q Q U D T A M I F K R A O Y Y
U Y H I N S D S P G H R O F J P M O D S
N T Z R H L E O N E R Y I O N X F R B B
A Y Z E X N F N G J L E Z S Y E O X V Z
U E A U N P A C I N M O L G M J R N T L
N Z J V W C K P J P F K H P R A D A G X
Y I R B P F M Z D V H X E E A U T Y K N
N V F X V N D E R A G I U I E T S I J Y
X R B O J U J O Q O E Y L S C R S I C A
F B R Y F D C U H N O D E E R E H D F R
B E B A E I O Q C W K M A G E E U T W Q
```

BIG TUNA	JIMOTHY	SALESMAN
CHARISMATIC	KAREN FILIPPELLI	STAMFORD
DEADPAN	PAM BEESLY	STAPLER
EXPRESSIONS	PRANKS	TEAPOT
JAZZ HANDS	ROOF DATE	THREE-HOLE PUNCH

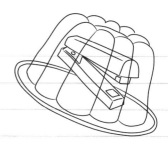

PRANKS

```
L W H Z P T Z R R P R D S G S A F D U F
I S O L A Q G V U M G L W C Y M U D F W
S W Z H Y T W Q D S L C E A W O T B B G
C O M Y S G K B O A Z Y T B Y V U Y D J
R R W H T K X Z B D E P U G W N R X V M
A H E L M E L T T Q F X R I G E E O N I
N T V L E B A A Q G E U H I R W F C J R
T R F E P E E H T Y G V C D S H A I Y A
O E Z L M A J C Q O S F S T P T X D O C
N V T Y P R T B V A I P T H E H E E G L
F O F E S F S S O V T D R N Z E S N F E
L N K B A T H R O O M I A P G Z W T E L
A O V F V B E P C H O C F R C D J I W E
S I S N O W B A L L A T T A C K J T A G
H T B U S J W Q B K U P H G Y E G Y R U
E A T Y U T H P O K A G G P H I T T J M
R R G R I E F B A L L W I A U Z H H T E
V E W E S I X T G I F T W R A P P E D S
H P W I F Q L S H Q P S D S U Z T F P B
Q O S I S E N I K E L E T T A I P T R V
```

BATHROOM	GRIEF BALL	RADIO TALK SHOW
DWAYNE	IDENTITY THEFT	SCRANTON FLASHER
DWIGHT FART SCHRUTE	MEATBALLS	SNOWBALL ATTACK
FUTURE FAXES	MIRACLE LEGUMES	STAPLER
GIFT WRAPPED	OPERATION OVERTHROW	TELEKINESIS

"WE WILL BE COMPETING FOR GOLD, SILVER, AND BRONZE YOGURT LIDS. "

—JIM HALPERT

OFFICE OLYMPICS

```
W V P S Q Y S E D P D P T O Z E J H S J
K K M Y X X O Q S C O M P E T I T I O N
G J T H A M A G R P Z P Y G J I W Q C W
F L H N Y M X X U O C S K A L Y A S M R
L C Y N L F X M J R T X R M H G I T T C
O B N K A W P L Y S T A Y E C L V H O M
N F G E C S V A B C T L V S V W P A W R
K G Z Z E M F M M W F X I E H T H T J T
E E E N R L O Q V P I H R D L U M E A C
R H S O E N L O F F O D S N S E V B L M
T P J R M P R A D X M N M T H N S A V S
O E G B O J G O B I D S G T N B L L G F
N W B C N H I E B R T U N K X T B L T I
P W N B Y G N E X P E A H T H M K Y B O
J D D X S P F N N P X D L W P I M N Y U
R H T K Y Y G G A I K K N A N Z H G C Y
J F B D C Y Z D X Z H D G U T X G O L D
V L X G E X P B F I C W N J D E F J B E
N R N U S W D W U F N S L A D E M G T I
R D U X E B B Z H K A N V X U J D D J I
```

ANTHEM	ELEVATOR	HORSE
BRONZE	FLONKERTON	MEDALS
CEREMONY	GAMES	PAM PONG
COMPETITION	GOLD	SILVER
DUNDERBALL	HATE BALL	YOGURT LIDS

"There's a lot of beauty in ordinary things. Isn't that kind of the point?"

PAM BEESLY

```
O F F I C E A D M I N I S T R A T O R G
M X E P N O S R E D N A Y O R A J V V N
P P T Y B Z Q X B X K W R S K G X C B L
K R J R Y U U F N S O W N T D R X J C A
A A G K E D L T F I S M M K I U J X X O
Q T N Q A P B C G X J H U W L S W U S P
Y T D A B C L F S J V E U M X H T J T E
T I C N M R E A D G J M K S Y D R E N C
R N L W V O T C H X N Z T Z X J V O Y L
A S M Q F G W S E M Q I S L Y B N K Z I
P T Q B S D D S I L I X H N F X S Y R P
S I J K D M R P E N I J B T V A P H H I
A T A V U C O H T L O A O F R R W I Y D
M U Z M C H V D S U A I Z L E E L H I I
T T V Y C U G Z B W L S T P B L N Z A Q
S E Y M W M K A A Q A F H P I N I I E T
I V A G K C N G V T R K D P E S J T F X
R P V B U B X M L Y U Z D U G C L L O N
H J K W P S I P L C M Z A U N O E F W N
C M I C H A E L S C O T T P A P E R C O
```

ARTIST	JINX	PHILLIP
CECELIA	MICHAEL SCOTT PAPER CO.	PRATT INSTITUTE
CHRISTMAS PARTY	MURAL	RECEPTIONIST
FINER THINGS CLUB	OFFICE ADMINISTRATOR	ROY ANDERSON
JIM HALPERT	PAM CHOP	SALESWOMAN

AND THE DUNDIE GOES TO...

Cutest Redhead in the Office Award:
Erin

EXTREME REPULSIVENESS AWARD:
TOBY

Whitest Sneakers Award:
Pam

Don't Go In There After Me Award:
Kevin

THE DUNDIES

```
K Y T U A E B G N I N I F E D E R L G Q
A O J P D I E O Q K O L G O T H O S T K
Y N I G Q R Y D O G L E E F I X Y B W R
R S N E G I A H P Q J Z V K R E A Z F O
R A X U H X J W T B Y G J E T C I P Q W
U U M J A C A Q A A K X V U B R C L N E
C J W R U L E H Z E G E O H R R O A E N
Y E D B U J M E N Z S O B S M E I P Y I
C P K O M E U L P E A Z Q F R H N I H F
I B F S T A G A I S V B W O M C M O I Y
P Z I N O U I D H J E T N N F J G Z G L
S P U U S D N Q U T T C G S N L F I Q X
Y F D V N U S N E A K I N G D R I N K S
U J B Z D L X W O R S T S A L E S M A N
J X E T T B N C X G S M F W T G U B K D
U S S O A A C D T Y I E J S S P M O N N
P E Z Y T N M U L T V H W T K T E T W L
B A W J N R G N I P W P Q N G D A C T K
H O T T E S T I N T H E O F F I C E C Z
T N E M E G A G N E T S E G N O L O R A
```

ACCEPTANCE SPEECH	HOST	REDEFINING BEAUTY
ANNUAL	HOTTEST IN THE OFFICE	SNEAKING DRINKS
AWARD	I FEEL GOD	SPICY CURRY
BEST DUNDIES EVER	LONGEST ENGAGEMENT	TROPHY
FINE WORK	PING	WORST SALESMAN

" YOU LOOK JUST AS I IMAGINED YOU. "

—JIM HALPERT

NIAGARA

```
T T J M C U S X A F M E J Y I Y A X I A
N Z J I S J H C X A E P B R C N N V R Y
A E N G Q E X Y H J J D H U E C S N I G
N L D Q I O Z E V U N R Q J M E C P E Q
G U N I P F T O Y D K Y X N A O U X T P
E I I L Z U Y S I D E Z F I C Q P H Y I
R Z A A I I V Z I S C C C S H R A W I W
P N J M S A S T B M B S R Y I O A Q A M
C P T A A P O C H A E D X D N X P M V E
O Z B I Y I E Z M E C H L N E K E Y T N
X E Y M O M S M A P W K T A Y E D P W T
L S K Y X I D L L D H E U F M D I P F A
D O Q Z O M T E E C H I D P O V V S P L
Z R V A L S K H N D V X Y D P D Q J W P
T G Q C O D C C C Y A F X I I L I P V I
S L L A F A R A G A I N Z J G N A A H C
I F W Z Q M W Q E V R M C C H W G N M T
Y T I S S U E B O X S H O E S G B K E U
P A T W I I M L W H F W C I O G T B B R
K F W C Q S X U S K P M Z I E G R K T E
```

AISLE DANCE	MAID OF THE MIST	PENNY
ANDY'S INJURY	MEEMAW	PLAN C
BACKUP PLAN	MENTAL PICTURE	PREGNANT
ICE MACHINE	NIAGARA FALLS	THE WEDDING
ISABEL	PAM'S MOM	TISSUE BOX SHOES

STANLEY HUDSON

```
Y  C  R  O  S  S  W  O  R  D  P  U  Z  Z  L  E  S  A  M  M
D  U  V  E  J  Z  O  Z  P  K  K  S  Y  M  Q  H  P  Q  E  N
I  K  E  O  J  K  X  Z  R  C  G  C  Y  F  A  C  R  A  J  A
D  L  N  B  O  F  U  X  E  A  Z  D  Y  D  X  A  T  F  U  M
I  P  J  N  L  A  C  J  K  T  P  Z  T  A  M  B  U  P  R  S
S  V  A  C  A  T  I  O  N  T  K  O  E  U  A  Y  M  W  Y  E
T  E  H  C  A  T  S  U  M  A  M  Z  K  L  P  M  U  Q  D  L
U  F  L  O  R  I  D  A  S  T  A  N  L  E  Y  G  V  J  U  A
T  X  G  I  U  S  Z  K  G  R  M  C  Q  V  T  K  T  Y  T  S
T  F  C  L  K  F  E  J  T  A  X  L  C  M  D  J  A  M  Y  C
E  T  R  W  H  G  Z  T  K  E  D  E  R  C  U  D  Q  O  H  Y
R  J  L  N  Z  E  S  U  O  H  T  H  G  I  L  Z  H  G  O  U
Y  Y  K  N  A  R  C  M  X  B  T  E  D  E  W  K  R  I  P  F
H  A  Q  Y  S  S  M  I  E  H  J  F  Z  U  F  J  D  L  E  R
A  X  Z  V  X  K  H  T  Q  E  S  T  Y  J  H  V  M  Q  F  V
Q  M  B  B  H  U  B  A  S  K  E  T  B  A  L  L  C  P  U  C
O  Q  S  W  Y  B  P  C  O  R  T  X  F  J  E  X  N  E  L  I
H  P  S  X  W  R  H  Z  P  T  I  E  V  O  H  S  A  D  A  I
P  U  I  U  E  U  T  B  B  K  S  C  I  I  R  J  M  B  K  M
H  V  C  O  M  M  I  S  S  I  O  N  T  V  T  Q  E  K  D  O
```

BASKETBALL	FLORIDA STANLEY	MUSTACHE
COMMISSION	HEART ATTACK	PRETZEL DAY
CRANKY	JURY DUTY HOPEFUL	SALESMAN
CROSSWORD PUZZLES	LIGHTHOUSE	SHOVE IT
DID I STUTTER	MEATBALL	VACATION

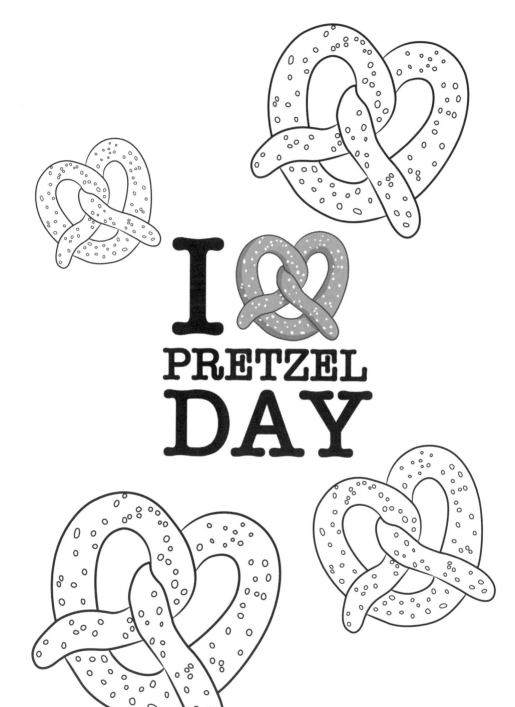

PRETZEL DAY

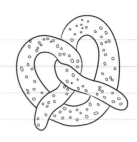

```
R A B V F C Q S Z T E K Q E Q X W Z D P
L G M K N O P S A L E S C A L L S U M G
Y B B O L M R C I Y K P E G A C O O Y K
S G N I P P O T N B F U Q U K B F C W R
N Y P W H L D C F A Q T N B Y P T M V L
R E E S L I U Y F C J N D I C N P P I Z
B X E Y H M C P G K A P B V O H R V E H
B N K M G E T N N O T R G Q A A E L P S
V J G A F N I M X F F C R E R N T I I A
N N Y Q R T V K G T U U O T Q D Z D I R
R K A Q I A I T A H G P B C D M E C C C
V K K C O R T H Q E L J E M U A L H W R
P S X R M Y Y E Y L D V O W X D R O Q A
R E G P I F B W U I F N Z V Z E H R P G
T V S E C T P O C N J I Y E F R D F M U
C Y K Q H S T R M E E Y S T A N L E Y S
D G U Z A N J K G Q Q P H C R Y X C Y X
W I M U E C F S T Z C A U D H T Z E G U
C D R L L S S E F D C V S A D S W K H B
M A O F A F U K R A P S S E N I S U B X
```

ANNUAL	HANDMADE	SOFT PRETZEL
BACK OF THE LINE	LOBBY	STANLEY
BUSINESS PARK	MICHAEL	SUGAR CRASH
COMPLIMENTARY	PRODUCTIVITY	THE WORKS
EXCITING	SALES CALL	TOPPINGS

" LIKE MY MOM USED TO SAY: Talk classy, ACT NASTY. "

—MEREDITH PALMER

MEREDITH PALMER

```
Z J T E L K M E J G K I W S F B O O Z E
T A C P Q K H S R Y Q M J S T J H E H U
V M L E X P O S E D P W R V A M O N J L
B E Y N H P E I C N W K B V C O G S K H
A A C J S N B L C L R O F E Y M T E M L
M Y R P G N U T V L B A U I N E K K O T
B M T B F C P R T I M J J Q C L R E A M
B N G J O N R O D X C U K O Y G K B T L
Q Z W J Q W I E K N X F E H X N J T N K
C T D C I N W Z K O A F R Z S I Y I E X
T Q N G O Y H T W C V T T A Z S M V S D
S R S O R S Q G H J E J I M C K W A G O
N R E Z I T I N A S R D G H K T J A J V
P A U D M Y C D U S C I R B U H U C U A
C K V S U U J S R O N Z W E N Q A R S C
V R I E V B E F X G U N W H P U T E E E
U M P I G G Y H E B R I Z W P P R Z C V
G I N B A J V R L I A O E F B F U N Z B
O Z H A K B N E E C I L H X B T C Z U T
C O N R A I C Y X J N E D Z X X Z Y L F
```

BALD	GINGER	SANITIZER
BAT	HIT AND RUN	SINGLE MOM
BOOZE	LICE	UPPER DECKER
EXPOSED	PELVIC FRACTURE	VAN
FUN RUN	RABIES	WIGS

31

" HI, I'M MICHAEL SCOTT. I'm THE CAPTAIN OF THIS PARTY. "

—MICHAEL SCOTT

BOOZE CRUISE

```
C D G R M F R R I A S J U J Q G V I M U
O L A K E W A L L E N P A U P A C K S M
I B Z E B S N P B I C Z Y A N J F B V P
P C R B H O F I G Q X L A C O L T B T W
R N B S R X A H N Z E Q P V B I E Q S L
E W I I T U C S Q N L Z X P M F W F E L
S H J A A O Z D I I K F C Z I E D N T O
E T D P T R H C W G G M W M L P L D N V
N C F G I P Y S N D J M F G O R R V O E
T O F U E J A K L S Q J T V W E O O C T
A N Q N R V Y C T E T M A P C S W C E R
T F P Z L C L E Y W K S P J J E E R C I
I E P C T M E E F X G R J W N R H E N A
O S I F T R K Z I R X T O Z B V T T A N
N S I U I J K K Q J J K K N D E F R D G
Z I E N E V E R G I V E U P S R O E F L
R O G N O T P I H S R E D A E L G A J E
T N A N H L V M Q R T H P K S A N T E C
W Y Y R M D T A C Y Q U J T I Z I N Q U
X L G R A P V G W I A P K B G X K H J O
```

CAPTAIN	LEADERSHIP	PRESENTATION
CONFESSION	LIFE PRESERVER	RETREAT
DANCE CONTEST	LIMBO	SHIP
KING OF THE WORLD	LOVE TRIANGLE	SNORKEL SHOTS
LAKE WALLENPAUPACK	NEVER GIVE UP	STEERING

CHRISTMAS PARTY

```
A Y T R A P I Q V K C E H C S U N O B C
M Y E A R B O O K P H O T O K L T V W H
F V P P V W G E F H W W Z O K Y Y E I R
Q E C E L J A L L O G R N Q N P M N H I
P Q D W Q N C V E T L Y L S M A F M Z S
P Z C F K S B K N S U L W G T W E I G T
K H F P F V F Z B A S P N Y T S L T A M
H P X W F O X I E U U N H U H E N T T A
L X J T O Q B T Q C A J O J Z E W U N S
O U Z T D Y P E C E Q O Z Z U K X A A D
J X S Y C B N A T K I E C I I N U G S K
H P L P X U I P C U D B V J I A G G T W
A N D I H C Q O F G E U Z V M Y M Z E X
U S N Y W Z Y T L A K X I B N I A R R Z
E B D G U H S P A I N T B A L L S R C H
N I L R Q Z Z F A P C E F U H Z S K E X
P R K V S H R F T O T T O X J V P H S L
B Z F Q B U M T S D E V Q F R N Q D U N
R E V E R S E P S Y C H O L O G Y D I U
P E U J R E T S O P Y B A B Z Z Q F Y X
```

BABY POSTER	HOT SAUCE	REVERSE PSYCHOLOGY
BONUS CHECK	IPOD	SECRET SANTA
CHRISTMAS	OVEN MITT	TEAPOT
ELF	PAINTBALLS	YANKEE SWAP
FOOT SPA	PARTY	YEARBOOK PHOTO

"OOH, DOGGY! WE GOT A PARTY NOW!"

—MICHAEL SCOTT

MURDER

```
Y D M I B I L A Q F F O D N A T S N Y M
D Y T F M K R L A J A C L M Y G M X A W
L R U S A V A N N A H L J N Y E T N U X
E Q A Q I O A O Y O A O U A Z M Q Z J O
Y L G C A K X F W Y N R M N Q T A Y U T
I T F U R O I S H G R U G P S U R R J A
E M K Z L E J S A V R T F Y P N E A A N
T M B P G Z T X B D N N B N U L R A M A
N K C A V U T C E D A B E M T E D L A U
A C A L E B C R A W D A D U E I I W M G
T Q K V E R M F I R Z X B W C N S P O H
U J X A H Y B T Z O A E Z P F A T O O T
B O Z M S B T N G O H H O E Q H R F D Y
E M E T J N N X Y T B U C C G T A W O N
D E E M W U G Y J Y O C F W M A C Y O E
Q R U L L R I E B E N T C C X N T E V L
Y L V E O Z I T P Y S S P Q V B I X K L
F Q R I Y G N N A E F H G C R A O K D Y
R G S T B I L L B O U R B O N N N I Y J
U X X Z K U B E A T R I X B O U R B O N
```

ALIBI	DEB UTANTE	SAVANNAH
BEATRIX BOURBON	DISTRACTION	STANDOFF
BILL BOURBON	MURDER MYSTERY	THE BUTLER
CALEB CRAWDAD	NATHANIEL NUTMEG	VOODOO MAMA JUJU
CHARACTER CARD	NAUGHTY NELLY	Y'ALL

" I JUST WANT TO LIE ON ON THE BEACH AND EAT HOT DOGS. THAT'S ALL I'VE EVER WANTED. "

—KEVIN MALONE

BEACH GAMES

```
A M I H J J C G X Z M W W S J F F D E B
H Y J X Q O L N X J P A R T Y B U S B L
X S J Q N G B I F Z V B J W B L K W D J
G H Y T G Q K N G X G Y N T H B Q W T R
C N E G Z K D E N F Y U B Z E F S N F N
X S I Z I L B P N Q Y D V P F T I L F R
T U U K B I P O J X A L P L J I H U U B
T X J E L R Q B O V G O F T Y U X C N N
N F A B T A J O L Q N F M O J S H C T G
K C I O P N W J I P I D R D F G K R I E
H L C C L R R E K J H N H G R N G T V N
L O R B U S J P R B S I W T O I O Y I L
O E B I R T T L Y I I L G R Y H B U T W
N O S U R V I V O R F B F J G T R K I U
D Q V E Q W U W Q F D B Z A T A L M E R
F B W P M Q J P F U I T U E L B C N S A
V I A Q F E F N J E N C I Y W A R E G G
P V X V O W J Y N T D P Y M Z E Y B T C
C P I W B M L G N O T N A R C S E K A L
H O T D O G S H T I U S O M U S A O B X
```

BATHING SUIT	FIRE WALKING	LAKE SCRANTON
BEACH	FISHING	PARTY BUS
BLINDFOLD	FUNTIVITIES	SUMO SUIT
CONTEST	HOT DOGS	SURVIVOR
EGG	JOB OPENING	TRIBE

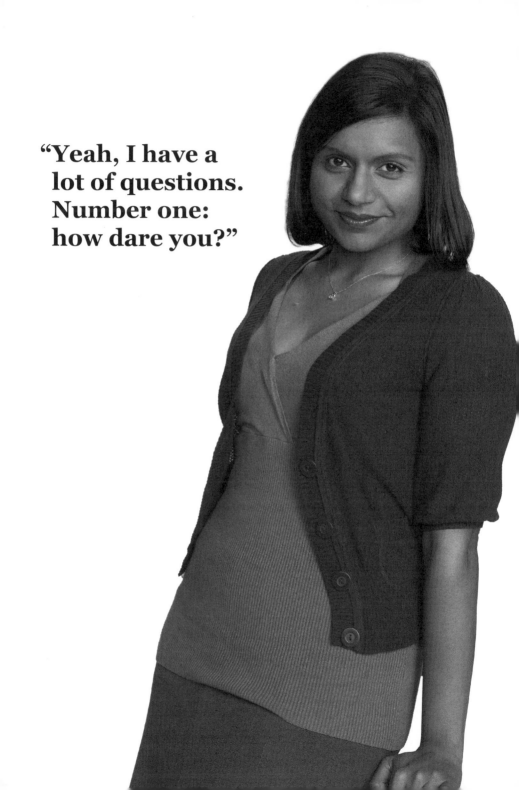

KELLY KAPOOR

```
X S N C H A T T Y T R Y A N H O W A R D
M Q A Y A D Y T I S R E V I D Z U S J Y
D R N P G G X K G O R A I B U K Z K V Q
O U N D E S S E S B O H I A A L M N A M
V C O M Q G W C E L X I H N Z N C K W J
W A D P S M A C K T A L K U I U A T M S
D R A W A Y R R U C Y C I P S N E N U U
E L M U B Z U J F Y X F O T C I G B A X
Q R I Z Q B V I E E D T O V D K T N W S
P R R L W X L D F N D M Z E Z L Y Y R Y
L V P T W D K C G X E Z S Z E Q Q C B Z
A M E J O A V B S R I N G S K X R N O S
E W L V A O Z J S L A M E F V D M X H K
D Z A M P R M E O E W X Z U D X Q X F Q
I T M F G T R R L Q U O N R Y N X V T D
W C A O B V W C O A V U A T H V W A J C
A I G C I V C I L U T M R H V R G S R B
L U L C I Z R I K K A A P L Z C P A D A
I E E A F S T W N H H Q Z A M U V K X V
D H V Y O Y M K O Q J Z D H L I I U V S
```

BANANAS	DIWALI	RYAN HOWARD
CHATTY	DRAMA	SMACK TALK
CLEANSE DIET	MALE PRIMA DONNA	SPICY CURRY AWARD
CUSTOMER SERVICE	OBSESSED	SUBTLE SEXUALITY
DIVERSITY DAY	RAVI	TRAINING

" I DON'T KNOW WHAT HE'S THINKING, BUT I WOULD JUST BE SO PSYCHED IF WE JUST DATED FOREVER. "

—KELLY KAPOOR

VALENTINE'S DAY

```
S M J D W A Y X F H S C S U Y A Z M J S
V Q V Y Q L S M J L O L F B M I H E M I
W T F I G T E R C E S C D E L A E V E R
C B O R J U G G N C O S N T V F P N Z N
W S V A I A I S K R T F L O W E R S L O
H O Y E M A F X P F W V Y S U J A H N S
T I C B R J Z O I T V B W E I K P G W N
E J L Y O W R G J L U T F X R D R J D I
S S I D D A H Z G H O E J E F Z E C O V
W V E D T V V A N M K M U G L W S U Y E
A R Y E D D A V I D W A L L A C E Y T L
A A Z T Y Q B E C A V M F H Y S N C E N
R K G B O B B L E H E A D V G B T F I A
X L V Z P O J S A T N L Z H I W A N D J
Q T H E F A C E S O F S C R A N T O N D
I J Z B U G C G I Y Q E N Q Q H I G X K
F E R A N O F Q T Z K B B B S S O D H S
L Y K R O Y W E N T S M O S Z C N Z R V
O Y P M A E X Z U X S E I R E V I L E D
E E Y C P K N S R E B M U N H C N A R B
```

BOBBLEHEAD	FLOWERS	PRESENTATION
BRANCH NUMBERS	GIFTS	REVEALED
CORPORATE	JAN LEVINSON	SECRET GIFT
DAVID WALLACE	KEY	TEDDY BEAR
DELIVERIES	NEW YORK	THE FACES OF SCRANTON

"I miss THE DAYS when there was only ONE PARTY I didn't want to GO TO."

—RYAN HOWARD

RYAN HOWARD

```
E X R T V U B F P T S A F Y X C S U N G
L Y O O Q Q V A X D C W I F I P Q F Z X
T A O G J C S T A R T E D T H E F I R E
J D P B O W L I N G A L L E Y D A R E J
P G A D M A M B Q H N J I L Y U T E O L
G H K H T L T L A G R A A D L T V D M L
V I Y S K L I E B P X Z P F Q D R A K E
L K L V Q W D G E P A M I E F M I A O Y
W E L B S N M T Z Q E N X P G K N X O T
Y B E S F K D H W T H E D O Y H L X M I
G M K N J Z O W V J C J T I N C I L Z N
P U U U F Y D D E U A B T W N O X D C I
O C R E P A P T T O C S L E A H C I M F
K A C V F Y F I F S X Q I X L L F Q K N
P H D Z N S V N P O K F Z T E S H Y J I
R G V I P E O L Z G W T Z D A C P H J T
J B V T X S A W D N I K R E D N U W J Q
Q B U S I N E S S S C H O O L N W N U K
D G F R W R R G G E J U U Q A E E N B J
V Y P H G Z B M H C H T N N E W Y O R K
```

BOWLING ALLEY	GOATEE	PRISON
BUSINESS SCHOOL	INFINITY	STARTED THE FIRE
DRAKE	KELLY KAPOOR	TEMP
EXECUTIVE	MICHAEL SCOTT PAPER CO.	WUNDERKIND
FIRED	NEW YORK	WUPHF

WUPHF

```
G B P C R Z E B N T A M J J A S E L L Q
E E T I S B E W L S E N O H P L L E C J
F L X L N L S K E T M T N C A U U V J P
P P A A B Y K D R A W O H N A Y R K U H
Z A N L K C N T G Z S T Q P I R T I K S
E B E E L R Z D X T A M J H D Y U S L W
Y Z T R K Y E U A W T D X O W A Y O V K
B N F T P J C R G R N A T K H N T C K K
F U A S N P T M Q F R C W C E A W I C K
B D S D O U L P K W O U R U N Y R A U G
X I D I P I B J E M Z Y J D E Y M L W N
R K N J N C D Q S E Z Z F R V C F M Y I
Z E P V Z E S G R C O K A I E N S E A T
D G V F E Y S D U T L R G A R Z X D I E
H X J E V S W S J Q V F F S T C M I V K
O T P L R N T F I F N L F M S T D A F R
P A L S V E A O P D C I S S N G M N B A
C T W H I S H D R H E D Y C E U P E H M
A R K T N A V W C S A A L T O D U N X Q
A V P D R N O Y T K I L K H I B F A X O
```

ALERTS	INVESTORS	SOCIAL MEDIA
BUSINESS IDEA	MARKETING	STARTUP
CELL PHONE	RYAN HOWARD	WEBSITE
DOTCOM	SELL	WHENEVER
FAX	SKI TRIP	WHEREVER

"That's just THE WAY we talk in the CLINK! "

—MICHAEL SCOTT

PRISON MIKE

```
X L D X H M I B Q J F Y F J V K N F J B
U E O A U K U D C G E N N A N Z W A Y I
R S O S D D S E X K I P M G X C X O O A
K S G G B N U J Q T Q X N S T Z L G K C
D O T A U B I P R W N D L T M Y S V B A
P N I R U K V A D T R V L O Y P C G H Y
E P T O E J M S P E B J A T Z P A U N L
A W O D D A I U T V J S B Y R A R Z G H
T Q G P B I M T L G G O A E W Z E R T U
Y U U A K P I O V T G H D W W K Y M N X
O T O A I U C S Z G W X F V P K O S Z W
U U Y R Q K Y M C O F E O X N M U G A L
R U O W E P D U K Q Q B E I K X S M E G
O N C D P N L C G Z T R L M K Q T U O Y
W Z I O L Y C S P W V C L S P H R O O B
N N Y X N R R U W Z E P E N A G A G B C
H X D H N V Y Z Z H S N B O O I I Q O W
A N N G R F I F T A I D A I L P G G O Q
I A H Q V T N C A N I P D J D X H S R O
R O B V G V G P T A U U T M H K T W L R
```

CONVICT	LESSON	PUMP IRON
DA BELLE OF DA BALL	LOCKED IN	QUITTER
DO-RAG	MARTIN	SCARE YOU STRAIGHT
EAT YOUR OWN HAIR	NEW GUY	THE CLINK
GRUEL	PSA	YOU GOT IT GOOD

"I normally don't enjoy making people laugh."

ANGELA MARTIN

```
N C V U J A U T K C W P H D K R R T X E
Z H X V H Z H W O T J R N N E F H P T F
W P P Y Y Q A M A R V D L K N E D U M U
Q Q N X F B M C Y D Q F C E S H R B M A
D U G O P I N H C J O A W E O H Z E L H
Y J P P T E S L A O R L N Y C T C A D I
E B Y T Z K P T U C U A L S J X W R S M
G O E O E Q R M T N T N T C P U E R H Z
N E R C L V I U J O C H T H L T V A K V
I F O W Q C N R R H G H L I S O I G H V
N J G P O A K U B I M D P O N R T N C X
N M H R U T L G W H P V P A B G C H T R
A L O R M C E D J A H Y S A R J B P E E
L U V L Z A S K P P B S L W W T S H W S
P V L J R M X G G A K L Q Y I V Y I B C
Y X U S A N D Y B E R N A R D Q F L X K
T O D Z F B P T E O K A T E O U V L E O
R E F B N H N D I K G F M B B Z I I Z F
A Q J K Y W I B Y Y H D C K I P I P M V
P Y N V D S S F W D L M Q L D G P L G D
```

ACCOUNTING	DOLL CLOTHES	NUTCRACKER
ANDY BERNARD	DWIGHT SCHRUTE	PARTY PLANNING
BABY POSTER	FROZEN CAT	PHILLIP
CAT CAM	HAIRBALL	SPRINKLES
COMMITTEE	LUNCH PARTY	THE SENATOR

ANGELA'S CATS

```
H Y T K Y Z L T T G P F S Y F Q C M G G
H R Y V L S A T X S O Y B V H O M A L I
Y E D T B D Z S E M D X X I F B O Y S T
T B A I E E J P H I L I P Y M L A O M O
B M L D Z G J R X V Y R N R M H Q U N L
K E S N D U U N D P O U A A O Y Z F R V
V M S A F O F K M C L S J M C U X C E I
E I E B L O Z U G H H V T J I Z U E H W
H L C Z I M L Y B W K Y R H N P M Z R Y
S K N I U F B A N D I T T W O Q S H H G
T Y I I K S Q D G G E B P D K G S T O Y
X W R S T F P A T X J R H M X Z X R X D
X A P L K P T R L P C P R P V B U S X B
H Y P A A N E M I V Z P F V M M T G Y O
K C O T S M O C A N F N A Z Z S A A O Y
M I S E J K S C C H K J T P C Z T E W O
S S U P E L K N I R C L J T Y D L Z P A
G G C A T S I T T I N G E D I A N E Q L
O Y L Z N U I M W J E Z T S H D O S U K
U F J O E N X B R F Q V T I N K I E R S
```

BANDIT	DIANE	PETALS
BANDIT TWO	EMBER	PHILIP
CAT SITTING	LUMPY	PRINCESS LADY
COMSTOCK	MILKY WAY	SPRINKLES
CRINKLEPUSS	MR. ASH	TINKIE

"

If I was the real SCRANTON STRANGLER, YOU'D BE SO STRANGLED by NOW.

"

—DWIGHT SCHRUTE

SCRANTON STRANGLER

```
B T V Q G D S U G U S P U S S E R D C C
Y Q G S B B P Y C D O G O O R Y G W H D
Z N R I V V N A T P E M E U U H M A Q G
C R L T M M L E T I C T E U K L I J M A
M F T J B M G Y W Y N M C Q B X E Q W Y
N T A F B D P B D S P N U I O A U Z W T
U L K M B Y S O C A P Y U W V Y S W K U
N H L H O C E T N T B A U D R N J U T D
O Q I H S D I A O I X A P E O S O Y S Y
L B X Q A A D Z Z A S V T E V H K C Y R
V Q Q E T A W F E F S S Y O R I W P B U
G V H H W Q S B I I Y K U J H B X I G J
R K Q U X N P A V M Z D U U X V X O V Y
U R J U J T W Z W S R H E B O B G S F V
W C T F H H I G H P R O F I L E C A S E
S H X G I V Z X H W U Q T C E P S U S V
T E I X L F N K B J W B Y H Z B S Z Z M
I W N I A G A S E K I R T S L O A H Y Y
D L C L A N I M I R C J P R I S O N G K
B B M V R J V A R X F F Y X M K R V P B
```

CONVICTED	HIGH-PROFILE CASE	SKUB
CRIMINAL	JURY DUTY	STRIKES AGAIN
DRESS UP	MYSTERY	SUSPECT
DWIGHT	NEWSPAPER	TOBY
EMPANADA	PRISON	WHODUNNIT

" It felt really good to take MONEY from Michael. Gonna chase that FEELING. "

—TOBY FLENDERSON

TOBY FLENDERSON

```
K U W R X M K C O R P O R A T E P G T K
N Y N A D T W U Q D V S M T C D A R C A
O Z K P X B I O K L S I Y Z R O E T N X
V G I J R J N V H B R H Y W U D W S Q L
E K F X P E Q Y P E X T M U G L N R K D
L B X K M A I N D R U N L Y U R S O T W
I S Z E P J Y F J D I O A F E D B W Z Y
S V S X O I L V Y A Z K Y R R L F E G E
T I Y V Z P O R O A R C R Q B W N H W P
S X M Z I P U D E T S U A H X E L T U K
D N A L B J K U S I G S D W N T U A D D
X C D V F K Z I T G O O D B Y E T O B Y
H U M A N R E S O U R C E S C P V E K D
E H M B M B M I L D M A N N E R E D F J
B L W R E X S I L E N T K I L L E R W N
C R U I S I N F O R A B R U I S I N I M
P X G F Q V C O T D H R U S W J K V Y M
I E O F T Q D I V O R C E D F G Y O I H
G L E U R S H X I U B O D W Q G A A Y A
G K H D N I Y L L A V N S G Y G R W I V
```

BEIGE	EXHAUSTED	NEMESIS
BLAND	GOODBYE, TOBY!	NOVELIST
CORPORATE	HUMAN RESOURCES	SILENT KILLER
CRUISIN' FOR A BRUISIN'	JURY DUTY	SUCK ON THIS
DIVORCED	MILD-MANNERED	THE WORST

"TWO QUEENS on casino night. I AM GOING to drop a DEUCE on everybody."

—MICHAEL SCOTT

CASINO NIGHT

```
W J N E I I I C O W L K I L D G T S G I
T C L O D K A W D M M O G A M B L I N G
X V F T L J I C J S X S S L M P P Y V F
C O Y R T E F G C Q W G F I J E B A Q U
R B B X W F E G K Y M B M G T U S D X U
E F Y V U P K S S E T A D O W T A W F V
D D Y T I R A H C R V G L C G K Y A L Q
D D T A T H E K I S S R E T F B K H X Z
A E N U T R O F Y D A L E Y M C H T V N
E T T E L U O R C C Z X I N I V Q K D Y
V S E F H Q T L E J A E N L A Y Q H T Z
O T P X R U N T L S W O F E Z M P W G M
Z S R V L O N I H G I N Q Z Q X G Z J N
M X E T K O A O T S I O Y P O R Y N C U
N P K H M Q L B S K I C Z Q S X M J I M
S W O Y F D A E N F Z E S U O H E R A W
Z F P M E O F I F I W L C A R O L B N N
D O W M O N D K V D L O J D V V U J C G
E X M E O V G D C H S S D K M R B W B R
H J P C K S B C Q P B E K B V L B O H O
```

CAROL	JAN	TEXAS HOLD 'EM
CHARITY	LADY FORTUNE	THE KISS
CONFESSION	MONTE CARLO	TWO DATES
DINKIN FLICKA	POKER	WAREHOUSE
GAMBLING	ROULETTE	WINGMAN

"The coalition for reason is extremely weak."

OSCAR MARTINEZ

```
A S A W P L Y F I M R V H R W O H B Q K
Y K U B E K O Q U I T T I N G S T O R Y
A D A C Y X H O G V V E G S E S I B E H
X U O H K Q X A C P I H V N X G J P T K
F V G E T V D P J R N B J X S L E E N C
L K M M I S L F P I E F M F O U Y N A P
H S I N A P S K M R J P Z G N O X B T E
S A R C A S T I C Q V F U S M A T T N R
W G K E Q G R O A S T D E S U M A N U O
F I N E R T H I N G S C L U B X J A O T
D F N R D O T G O A H F W F K O F K C A
R N J O O R I R C C D Y C Z R F N N C N
M X C X L L S M S T Y S Q E A F M P A E
H A G P W I U X K U X M M I N I C A F S
V K Y O C H F A A A V S R J P C Y W E E
A F Z K N W K W T L I H C O R E H R I H
S O D M D I D A H L L E P T G K Q T H T
B A K F Y V L F E Y S X K R R I T B C H
Y F F D R U U B N A R G N R N S E U D B
B X Y J R Y O S X J V L J K T S X E A L
```

ACTUALLY	MATT	SICK DAY
AFFAIR	OFFICE KISS	SPANISH
CHIEF ACCOUNTANT	QUITTING STORY	SUPER COOL
FINER THINGS CLUB	ROAST	THE SENATOR
GIL	SARCASTIC	UNAMUSED

the office

CONFLICT RESOLUTION

```
E K U C J S G B D A V G R Q C V D E F C
T U T A X X R F N C D N E G T B Z K H D
U F Q N O B B U O Z E B F A B S J Z K B
R S W M K Z P E I R T Z S C G E A L O D
H I Q D U T R E T A C T N O T C K H R L
C W N J U H Z G U D A N A M Q U K J G M
S L I I W R M D L S D E R M L R L A R M
T U W Z Q M Q A O V E V T P R I C T I S
R K N Q B F J B S K R O L E X T L W E A
A H I V F C S D E U S L T R J Y Y A V D
F O W V U Q T I R T T S I X M T I K A B
T O N M D A E M N K O G F Z M H U L N V
H E I B X X C I B P B D J E S R R L C N
G M W I P H A T Y H P X D W E E L M E U
I J D E K L N B U I P I E C T A M Y S F
W D B A P U A L K R A A R C H T B H Y K
D V H M F B Z X A T B C O N F L I C T D
T B O C N P S N I Y T O E N D V U V P S
Z C Z M S G K O K A N O N Y M O U S V A
O Y P Q V S N C O I S H G Q T L N J Q I
```

ANONYMOUS   GRIEVANCES   RESOLUTION

BABY POSTER   ID BADGE   SECURITY THREAT

COMPLAINTS   MEDIATION   TRANSFER

CONFLICT   PRANKS   VENT

DWIGHT FART SCHRUTE   REDACTED   WIN WIN WIN

" OCCASIONALLY I'LL HIT SOMEBODY with my car. SO SUE ME. No, don't sue me. "

—MICHAEL SCOTT

FUN RUN

```
F E T T U C C I N E A L F R E D O D B F
J V E O O D N G S M S S N I W Y B O T L
L I D Z I W S D E K I D N V J Y W Y R D
H C P M H K M O I Q P T Q T T L W R D M
P L N D L P H X B E R U C E H T R O F H
J P A S Z L E D A N P R A C Y B T I H P
E O Y X I F T N R K S E V U P E O M I X
K M S Z E E G D A H S H I Q E S L H F A
K U N Y Z R X I H L S Z D D G T M O Q A
V X O W X B G S T A Y O H Y I A N Q K E
T Y I T B R T X I W U M A R A T H O N D
P X T K Y L W H D K Y U B S N E L D N E
L J A I H T I C E H T M Q G T S V P P T
A V N E R E I L R K C Y M W C A J J Q A
T X O B T A D N E W H G W C H L Y D Q R
I U D T C A H K M Q E R X Z E E R R X D
P E Y L M L Q C M R L E J N C P R D Z Y
S G N I F A H C E L P P I N K U P W F H
O K N J T O U M Z X B R P G M G N Q A E
H Y L B C R A C K E D P E L V I S D Q D
```

CHARITY	FETTUCCINE ALFREDO	MARATHON
CRACKED PELVIS	FOR THE CURE	MEREDITH
DEHYDRATED	GIANT CHECK	NIPPLE CHAFING
DONATIONS	HIT BY CAR	RABIES
ESTATE SALE	HOSPITAL	TOBY WINS

"

Nobody
steals from
CREED BRATTON
AND GETS
away with it.
THE LAST PERSON
to do this disappeared.
HIS NAME?
CREED BRATTON.

"

—CREED BRATTON

CREED BRATTON

```
R X E Q I M B T Q A S P J F N D T Z E X
A K M L K L H D A H J R V W F L S D N N
Y C V X C L Z X O W V H Q X G M O J K R
S D D V R O R L W V W Z R H V G V C A I
E E D O C E T A R I P X H Z I S J M M E
O W J B O G T W A N M V W X R I E X A F
T A J I L F N N V E E V M J R T C E J V
X T I W Z T G I K W N E E J Z R N J A Z
I E Y L E Y C O V C E A W S A Q A U M K
S R M U R D E R D I U K M O M J U C A L
J M P B R L H G M E D L I L L D S Y M E
F A M Y S G C N W W C A T H N L S Y Q P
T R H E L I C O P T E R B S H M A U K T
B K M R L D U J H R N B C U I C Y H I O
L O T U D C Z X W S B R T W C A T C L M
V L B D J P T F W M J V B H H S I I G A
B R T O F V O B Y P X J O F I C B L H N
J G R K D Q N Y E V L O N T M U A E F I
C H S X F D C K Z V K E C Y E K U L U A
S F Q P G T Y P Z Y G K K Q W A Q B W C
```

BOBODDY	HITCHHIKE	PIRATE CODE
CULTS	HOOKY	QUABITY ASSUANCE
DOG FOOD	KLEPTOMANIAC	SCUBA DIVING
HALLOWEEN	MAMA JAMA	SIX TOES
HELICOPTER	MURDER	WATERMARK

MICHAEL SCOTT
PAPER COMPANY INC.

Serving Scranton's Paper Needs Since 2009

MICHAEL SCOTT PAPER COMPANY

```
P K T Q O U G P V B Q V W E B R V S Z H
O T S F G R Z J E Z U W M X D L E B R T
E T J S N O V F G F U H S C Q H H C O Y
C E F B I T U D J N O E H C N U L J S K
T V E H L I W T K M W V C L O S E T P G
T F C G A T G Z U A P N G Z V M M X W B
V J L P E E C Y R E V I L E D L G A M S
B W N A T P E P J T C C E I H P J P I S
I G N M S M K J W M H G C Z D R R E T O
W Z K H T O T Y V A A H A D G B P U Y T
D J C T N C I C G E R E L D K P O H Q K
K U W Z E O P E H R L J L U V Y S T U C
D J J L I T H A D D E H A C U U S S Q A
J P E C L G I H X S S R W B L C E A Q N
D U A B C W F J S Y S H D F T C P L I S
L B K N J W J G W L H P I D N D I E O R
G V X F C L E B V I S J V R V W P S M T
N J H J A A E I P M D K A S Z L H T S O
B H F Y I Y K X H L M K D I U T C L J H
B E O T Y W S E A U L P G L M Z L M K K
```

BUYOUT	COMPETITOR	LUNCHEON
CEO	DAVID WALLACE	PANCAKE
CHARLES	DELIVERY	PIPES
CLIENT STEALING	DREAM TEAM	SALES
CLOSET	FLUSH	SNACK TOSS

"In Spain, THEY OFTEN DON'T EVEN start eating UNTIL MIDNIGHT."

—JAN LEVINSON

JAN LEVINSON

```
V E N E P P L A S T I C S U R G E R Y L
B C J N P H V J J I I F K N J R C O Y E
B A W M J O D V F W Q J I I U T B Y T V
S P D N E M N G E H O B N Z V X T O Q I
N S T N A W D Z D I P V N K Q I V K S N
Z K V W L V Q C T I Y R E T N U H J X S
Q R L Q O E H G M R U S K E Z E A N U O
R O X W U U I K L I O Z R G O S O T D N
Y W K L S D S R X Q M E T N M U O N I G
E D L K Z S O F L C S E J I C B J P N O
X N M U E P O D T K G Z N K L W C R N U
P A I L L A F Y R A B E S A B H S L E L
A E C V U K S O I Y W H Y M Q K A L R D
S C H J M F Y L T I C G K E P P U Z P O
T I A N L W O D N S J O A L H O I E A D
R F E P E F P D I T G J U D I V S G R R
I F L N C E S N R K K A G N Y C N S T I
D O T N S O G V U C R W Y A U G Y O Y D
X Q Z D N E X Q G K K R S C S H E D Q H
D H J G R J D Y E P Q C M L V A D J G R
```

ASTRID	HUNTER	NEW YORK
BOSS	JASMINE WINDSONG	OFFICE AND WORKSPACE
CANDLE MAKING	JEALOUS	PLASTIC SURGERY
DINNER PARTY	LEVINSON-GOULD	SERENITY
FOLIAGE	MICHAEL	SINGER

" I don't care WHAT THEY SAY ABOUT ME. I JUST WANT to eat. WHICH I REALIZE is a lot to ask for. At a dinner party. "

—PAM BEESLY

THE DINNER PARTY

```
P L A S M A T V X Y Z W P C V X V S U R
L R U M X M T H G I N D I M S R O J M D
O V B G I O J L A N B A J V A B N U W I
T N F J M X F N J T W A V H E S Z A O S
F H E C S X N P T E O O B O I T D D J A
M K G V H K A I A P A N D Y B D F W L S
Y N Z I O S Y P G K W L E T S P C N Z T
S I U I W E P D M H O Z O N L I H J J E
K Y H E P D H C R F T X S U I E T C F R
V B G C C G V T B G D M H N S G M T H A
C I M A P C N V N D K J A L G O H U E G
O I Z F P R M N Z I E K L R U B N T Y R
Q Q S E C A N D L E S F I O E T T A L H
O O X B T Z Q J K I C R M W E Z K I B H
G K F U K G G X S X I H U R H Z Q B Y H
U E F L P Y W C M J I U D O L C C V J Q
S D M S O L R G A T D L H Y H W S I Z Q
I R H X C A Z T C H Y I Q M U G J D L M
O J X Q W S O F R Z Z B W U R R V H S X
D U I R S R N G T C B F W S V R Z J O H
```

BABYSITTER	HUNTER	MIDNIGHT
CANDLES	JAN	NIGHTMARE
DISASTER	JEALOUS	PAM
DWIGHT	JIM	PLASMA TV
HOURS IN THE OVEN	MELTDOWN	THAT ONE NIGHT

" CLOSE YOUR MOUTH, sweetie. YOU LOOK LIKE a trout. "

—PHYLLIS VANCE

PHYLLIS VANCE

```
M A L Q E D B W L G I R L T A L K X J E
L M V X X C M G K E M X T L X P R Y X D
I G T C E Y O O S B F K N H D O G T Q T
A Y Y K G Y G S O G V U F A S Q U R A E
M V S M B O B V A N C E H E A L R A O S
K N K J S R E P S J I W M U L L V P U G
C J U S T N W A J B T U D A E J M S L O
A Z I N M B X R L P F R B I S M W A Z C
L P C I N E G T I R E T R V W Q M M F S
B U T Q I A A Y E N E Y E P O V E T P I
T T C I W X U P C K E V D Q M M V S S D
M A O U L E F L S K E J I B A G I I P E
W T O L M W Q A G J T T R B N Q T R G F
Y C M B U U B N V M T Q Y B W Y I H P A
T N E I W N B N P A I X S O C Z T C N C
I G S V K O S I P D M N A Q X I E U I J
E G V X X I R N C R M I E M C F P N K B
G X B B Q P K G P S O Q E E B E M N X W
D S I F S D S S B V C U U N M J O S I F
B Z X C V G O P A K D F U H N S C O H X
```

BASKETBALL	COMMITTEE	OVEN MITT
BLACKMAIL	COMPETITIVE	PARTY PLANNING
BOB VANCE	EASY RIDER	PERFUME
CAFÉ DISCO	GIRL TALK	ROWBOAT
CHRISTMAS PARTY	GOSSIP	SALESWOMAN

"

We're the PARTY-PLANNING Committee, AND WE DID NOT get where we are by playing it safe. WE GOT HERE BY being risk takers.

"

—PAM BEESLY

PARTY-PLANNING COMMITTEE

```
O C S A M T S I R H C Y Q D C C I O P T
J U W K L U N C H P A R T Y L Q I T O Z
T L O S I Q M O R O C C O L D O K J X B
U K Q R L T P L W J F F L L U A U N N R
C J B C H A I R M A N E I W F Z Z N R I
X H A F A H Z S V U W B K C N P D I L D
X H B S R O D N Y E M C E V K O S B X A
W Z E P E T L D R O A O P O U V S C G L
N M Q V G L P A A B U T N B T H H K A S
S X O P H E F H E D Q R L T A L X G T H
M D Q E V I E M U L Y E B L X R N J E O
T C I E Y C O Q D T F W L I E A K R N W
A Y N L X C U W S U A O Z Z R J G X G E
Q T N Y L Q U P D F W D I K L T G T Q R
S S W E O L P G C E J N F I X D H N E X
J H W J Q J E T E A A C P E O Y H D J R
C A A W X F C N X G K A M L M G O O A V
H K C K M A V T R B M E E T H S Y I B Y
Q F S Z P X H O J M G Y S N S Z X I G G
N Y T R A P S S O L T H G I E W A N Y M
```

BRIDAL SHOWER	EVENTS	LUNCH PARTY
CHAIRMAN	FAREWELL	MOROCCO
CHRISTMAS	HALLOWEEN	ORGANIZE
CUPCAKES	IT IS YOUR BIRTHDAY	WEIGHT LOSS PARTY
DOUBLE FUDGE	LUAU	WELCOME BACK

REFRIGERATION • AIR CONDITIONING & HEATING

VANCE
REFRIGERATION

BOB VANCE

```
R  J  I  Q  M  U  V  D  U  R  L  K  D  M  O  O  U  Y  T  Z
X  N  Q  Y  B  R  P  T  T  V  V  H  Q  L  G  P  W  J  A  F
M  O  M  F  E  O  T  N  I  S  A  M  T  S  I  R  H  C  Y  A
D  I  H  P  R  Y  V  S  C  Q  L  L  F  Y  Y  C  K  C  S  X
W  T  E  C  Y  B  P  P  E  V  K  Y  E  C  D  Y  N  R  L  Y
J  A  O  E  N  T  H  U  S  I  A  S  T  I  C  N  J  A  T  L
T  R  Y  D  S  E  T  A  D  E  L  B  U  O  D  B  A  R  P  Q
Z  E  A  Z  Q  U  X  M  M  O  K  I  X  R  K  F  A  H  C  S
T  G  D  S  D  M  O  A  R  U  C  I  M  T  Z  P  J  H  E  W
A  I  S  M  K  P  N  H  Q  Q  Z  E  S  A  B  S  Z  A  M  O
D  R  E  P  U  N  F  Y  E  P  V  I  L  T  F  R  L  M  B  E
U  F  N  K  H  F  S  Y  H  R  L  Z  P  O  J  E  L  G  K  K
P  E  I  S  R  F  U  C  U  L  A  I  W  U  T  U  V  A  Y  J
N  R  T  P  S  K  T  F  Y  L  D  W  I  E  D  X  H  I  P  H
T  G  N  B  Q  M  W  H  W  C  N  P  M  E  D  S  G  Y  F  O
P  M  E  C  U  D  P  U  K  N  A  H  R  R  D  D  N  W  T  C
T  P  L  L  L  Y  N  J  S  W  B  K  D  N  H  K  I  O  C  Q
J  Y  A  Y  O  P  O  Y  N  M  S  Y  A  A  W  Z  O  N  H  I
Z  P  V  A  H  L  Q  U  A  J  U  H  L  N  L  Z  R  N  G  Y
I  I  B  J  C  C  Z  Q  T  W  H  Z  A  H  F  H  C  Q  Q  S
```

BUYOUT	HANDSHAKE	REFRIGERATION
CHRISTMAS	HANDY	REPEAT
DOUBLE DATE	HUSBAND	VALENTINE'S DAY
ENTHUSIASTIC	PARTY	WAREHOUSE
FIVE FAMILIES	PHYLLIS	WEDDING

"My goal WAS TO LEARN A new word every SINGLE DAY. And I must say THAT IT IS GOING IMMENSELY."

—ERIN HANNON

ERIN HANNON

```
W O R M A L E P R I M A D O N N A I J W
T B L P O I I U R K A H N W N B D U Y H
R T B R L S H X H U K N T V C T C F C W
S I W E L E B A G P X N L I M B D O R S
O H S L H C G I W M U I E N I Z R S E L
M R H L I W V A N N K R B X B O A T A T
P Y P I W T J R E D H E A D X G N E P S
B R Z M M Z Z U E M Y Y G T L N R R Z I
G T W E X I F Q R H K L Y N O C E F J N
D D I T Z X D Z Z A R L K J Z T B A S O
E X Y E W U P D F Q I E G S T V Y M E I
S X S P Y T U J L Q U K H I X B D I I T
R S V B G K F L G E Q A S P Y A N L L P
B W E E Z Z Z I M C N Y W Q N N A Y F E
U B Y L P W Q J Q G B A A I W O X R O C
B Q E F E U O N D A J R M H L U Y D D E
B B T P H U Y T B A E Z K E B D A G L R
L X D Z V X L J Z U Q D L D I N E Z R F
Y S A R E M A C E L B A S O P S I D O G
Z R L J X U D R I J I M H Q W W P H W I
```

ANDY BERNARD	FOSTER FAMILY	PETE MILLER
BABYSITTER	GABE LEWIS	QUIRKY
BUBBLY	KELLY ERIN	RECEPTIONIST
CLUELESS	MALE PRIMA DONNA	REDHEAD
DISPOSABLE CAMERAS	MIDDLE NAME	WORLD OF LIES

" I WISH THERE was a way TO KNOW you're in the GOOD OLD DAYS before you've ACTUALLY left them. "

—ANDY BERNARD

ANDY BERNARD

```
K K N C M R E Q K J Q P N F O P C M N F
T M G M J X I E X O D G C T O X O R E Z
G O D D R A N M K X A Z W C T G M H R C
F E B X T K U R T S P Z H J T G M C I N
M F Z O N N O E H M U S I C A L E N N R
L H T V F K V E R L E P E I T R N U H U
L L E N R O C B I W Y G V A U U C P A O
P W V R V N P D N S X C B U Z K E L N K
P A Z E E B Q V G K B N L V O E M L N R
X X N Q X C O M T C D E A W M J E A O A
L Z D C S W O B O M M M A J U A N W N P
T H V C Q A S M N I C I H G E C T L N E
X L A C I J I S E S H Z E N F A S C W R
P C I H L T R L Z S Q D N J B P P E P O
U R L G W V Z L I L T Y S R A P E T U C
J B B V V T Y H W N B R Q L O E E V H D
H G N A M W K J S K G Q E R X L C N O R
Q T T Q N A W A W Y B A B B K L H E N A
B K U S S J F Z E O K O N Y L A H Y U H
J R Z W E Z O D Y B Y I U T W E Z E S F
```

A CAPPELLA	CORNELL	NARD DOG
BABY WAWA	ERIN HANNON	RINGTONE
BANJO	HARDCORE PARKOUR	SAILING
BEER ME	HERE COMES TREBLE	TATTOO
COMMENCEMENT SPEECH	MUSICAL	WALL PUNCH

" I'm the VALET. You have to GIVE ME your car. "

—MOSE

GARDEN PARTY

```
N B A T E L A V S Y V N S Z H Z U H E A
O Y J L N C N E H F L T I J K B Z D S I
T U M V I F E N B J U S W I C E I C E N
G S U U U S I V J R P J V Q D U I A I R
N I P S A E C N A D E R I F G Q N M N O
I W N W M C A U R C B D M E M N Q L O F
K V K B B R N L Z M A R T D O P O N M I
C T E U D N A M X N G A E U P V V W E L
I V Y P N B N F C L M H N L N F W U R A
R B N L J D N E E I C C G J X V B W E C
T K B J I T M G T T I N V H E H T F C T
S K H T J A T L A N U X M G H T B R G R
E V G G S Q U N G E H R S C E T V M N E
M E T T S E S G F J F R H K Q U Q T I B
A D E E H T U M M O U R C C N S H U S O
J R S T A E S I E U O A A D S E B L O R
Y P D H S Y V A U T J M J V E A L E L F
F E W T O U U N O O M E U K F B W C C S
D D S M Y Z V L N T H Q Z M I W X M R V
C O L O N I A L T E A P A R T Y C H I C
```

ANNOUNCING GUESTS	FIRE DANCE	SCHRUTE FARMS
CLOSING CEREMONIES	HAT SNATCHED	SEESAW
COLONIAL TEA PARTY CHIC	JAMES TRICKINGTON	THE ULTIMATE GUIDE
DANCE MASTER	NO JACKET	TOASTS
DUET	ROBERT CALIFORNIA	VALET

"I love banter.
But I hate
witty banter."

KEVIN MALONE

```
R S M Y I E O E M X N Y N D L B K B U T
H T J C G Z I I R C Y L J B U N J P R U
F I C A S E H W F Q S Z J S C H I L I P
I Z V T Q I E G D U F E L B U O D O I G
N E Q S I D S X T P O X L Q G C X G J S
E H E X N H M B A D O Q I N C C I V D I
R T T A Y I M X V L T B G D V N L T S P
T D D L F Q B O P I S N C X A B I K C J
H N Y R V L Q O W I P H K B Y Y M N R G
I A F E T C F W R I A P L F A P E K A N
N N R L Q W H S C D B A J P T L O E N I
G I J B U K W Z R D N Y P Z D K C D T T
S V P M S J U T A K R U E E P U O T O N
C E Y A W H L Q E J O U O Z X R U V N U
L K Y G F I S T H X I X M R R P J S I O
U D S R E B M U N X I S G M T T Q M C C
B U T C I C X V U I Q D H K E F W N I C
T I S S U E B O X S H O E S J R T X T A
M O U K C V V C G B R G Z B J T W N Y Q
F Q J W K F F J J S X L H Y Y U V I W J
```

ACCOUNTING	FOOT SPA	SCRANTONICITY
CHILI	GAMBLER	SIX NUMBERS
DOUBLE FUDGE	KEVIN AND THE ZITS	STACY
DRUMMER	PIG IN A BLANKET	TISSUE BOX SHOES
FINER THINGS CLUB	ROUND ROBIN	TOUPEE

SCRANTONICITY

```
Y F A S T M Y H X Q R N G H X W S P X F
U G B Y U T M Z D K A V S E T C F Q Q N
C I K M B I X E C P U K A E R B A Y V K
E G R K E Z W P G O E O E G F O E N E N
X S Y E D B X S P H J P Z K K N X V V B
W L W X G P E R F O R M A N C E I M U T
D R T E X N X X K J D C R N U N V W M A
I I Y T I C I N O T N A R C S B R C H B
S O C I P J B S A Y U H S J Q U U L C S
U T N R J V V O D X D M Z D A Z D N K O
J M C U N E Y N J A H O O D X S V G R O
L R I N W P L A I E E R K D O X C B D A
I O E D I V C I S U M L Y N O K I W H K
V D C F H T U P C O V E R B A N D T F L
E Q V A G D D Z H Y G Y W E D D I N G S
M I L I L X R U B Y M A F Y F R O H D D
U G M X V M U R Z V L X E I M O S W W F
S O X D U C M V W R S L K N B B W U F J
I J R F V N S P I N P P I R T D U M S Q
C Q K I F E P A T N O I S S I M B U S L
```

BREAKUP	KEVIN	PHYLLIS
COVER BAND	LEAD SINGER	PERFORMANCE
DEBUT	LIVE MUSIC	SCRANTONICITY II
DRUMS	LOCAL	SUBMISSION TAPE
GIGS	MUSIC VIDEO	WEDDINGS

"SHUT UP about the sun! SHUT UP about the SUN!"

—GABE LEWIS

GABE LEWIS

```
Q E R G E P D S I M H T O J R J I P E Y
K A Z O U O A M D B N H V O K G P L U T
P H M X F P Q U Y H B C T Y Z P T I Y S
K A A S S D N H G D M C P U T U H S A E
S V K M T D Z A O J E A W K W A R D O T
A C I J I E M A A R G I R L T A L K G N
M J B E V H R Q I W R C L S Q E O G N O
U C S B W L C D M U H O N E U R O T I C
R U A E Z I Z F A J K J R Y L I H D K E
A C F C H C N E G M T C X F R E H F S M
I H R I W T G G L P Z E D G I O S K I U
S W N R K Q B J P E T Y I R X L F G S T
W C X D A T C E L A I K V E X C M E E S
O A G P U X T B G Z R S T C S I R S L O
R V B G Y U B S N Y M T C C I B V R A C
D G Q V E A F Y B X V C Y M A X K V S K
V E S C R T Z D S P B V T S Q B F F G C
F S R C B C L K K Y U T C J O Z A J V W
D R S I S R D O F K Y A O H W M Y K D L
D K N P N L P J P B R O Q M O Y F Z S B
```

AMSTERDAM	ERIN	SALES IS KING
AWKWARD	GIRL TALK	SAMURAI SWORD
COSTUME CONTEST	HORROR FILMS	SCRABBLE
DIRECTOR	NEUROTIC	SHUT UP
DUNDIES	SABRE	VIEWING PARTY

"You don't become THE MOST POWERFUL WOMAN in Tallahassee BY SLACKIN' OFF. YOU DO IT BY WORKIN' HARD. OR MARRYIN' RICH. AND I DID BOTH."

—JO BENNETT

SABRE

```
K P D A L M A T I A N S M X U D D J O F
W L S Q M E C D B D Q E N O S Z E M C B
M G X U B R P J D N C T X D U V O L V Z
A I N Y N G C U D U G K N C M C V E A Z
Y B A D G E J Q I R F H O E S V S B T C
C W E H N R U Y E Q B W E I M L Q Q V Y
B A Z M X W L V X T E R W S B E J G M G
K J H A Z Y O P A G I E E V D X T B O A
T Z O F P E D B U F L P F O N S U A S K
P T A N K S L V R E M P Q H S Y I R T M
U C E A J E V E B T C P A A J O U V I S
S Z T N T E T A E K J H L C F J I U O A
A Q B L N N G S R A F E S N L S E Y I Z
L D Q I I E D P O P S D P O G G W J L Q
K V I R X I B S T I V Z R G G I R Z D I
G F P R M A V O S Q G Z E V O O I A N I
L D T A O T M K J P N N S N I J R E W G
F D R M Q L I W X W O Q S R W U C H U W
S Y K Z O N F W H I S T L E B L O W E R
P O N C G U P Y S Q D V I K F W C P N I
```

DALMATIANS	PRESS	STATEMENT
FLORIDA	PRINTER FIRE	STORE
GABE LEWIS	PYRAMIDS	TABLET
JO BENNETT	SALES IS KING	TAKEOVER
MERGER	SONG	WHISTLEBLOWER

"DINKIN FLICKA."

—DARRYL PHILBIN

DARRYL PHILBIN

```
Q K X S G S W X U I G R O O M M A T E E
R N M Z I I A N Z O J U S T I N E E Y P
M I J R T F E N D I N D X N S F X E L B
P R O M O T E D T J R A K L I P O K X F
P D W T X L G F X A Y P G L N Q P H H J
G Y U U M Y D J O U R N A S G B D K A F
H G V W R B U B V G E V U D E Y P D R V
S R U F Q H Y N B K T H V D R A A H H G
I E V X E E C U D R T W P H I L L Y V V
S N A Y K N V Z O I O E A H D E P K V G
N E E J Z C U O G X L N A R Z W F A K M
W N T H O B U P L C C O L V E C Y Y T T
Z I F D Q H D C R U I I Z K A H O O B P
K U L M E I J S J K K J U W R G O J C W
X Q Y V S I G E R B U I C Q O Q D U L L
L A K C N L M X Y Q P B N E I U O D S F
G T Z I E I I F O C S J T L E R R M A E
L X P L K U L K C D F U A O K F P V E J
X M J I G M O F S I K L S J N N I O C U
V L G Z G M K E L L Y Y J V F U N R B E
```

D-DOG	KEYBOARD	ROOMMATE
ENERGY DRINK	LOTTERY	SANTA
JADA	PHILLY	SINGER
JUSTINE	PROMOTED	VAL
KELLY	REGIS	WAREHOUSE

THE WAREHOUSE

```
G L W B F I C S R G A S N C B U I B E B
E I Z X X Z C X T P V D S C X T M R C D
B A W H I S T H N Y U M F N G C E B N C
A R A L A O K U E H R Y P K B L L O X X
S G E H L A I K D V Y C S K P E F S O M
T Y B L O S T T I M E A C C I D E N T S
C L A C X M A A C A S I N O N I G H T E
R O S A I Q Y U C G G Q C S M A X H Z N
S H K G N I N I A R T Y T E F A S A D A
M D E Z T H E O T H E R S L Q O J U N L
M C T O V U B I F U X I J A E H G N I P
P J B I Z S K Z I J U B W R V X V T L R
R V A A V L W T L W P V Z U N V K E B I
W Q L X F K X I K D M R B M B M J D R A
V E L B S I H U R V C Y X S D X I H A R
X I I K W C U Q O R G V M M C K A O L E
G U S G V X V P F P C G Z A O G P U L P
M L N J H U F W A P B J P P B H R S O A
P O T U N I O N I Z E K L O T T O E C P
B A L L O O N D E S C E N T L H D J U O
```

BALLOON DESCENT	HAUNTED HOUSE	PAPER AIRPLANES
BASKETBALL	HOLY GRAIL	SAFETY TRAINING
CASINO NIGHT	LOST TIME ACCIDENTS	THE OTHERS
COLLAR BLIND	LOTTO	UNIONIZE
FORKLIFT ACCIDENT	PAM'S MURAL	WEIGH-IN

" AN OFFICE is FOR NOT DYING. "

—MICHAEL SCOTT

THE FIRE DRILL

```
Y Q D X F F M A T S F H V E R W Q C K Z
A U L R R J X G D O B V O P F K Y O G A
D T R A I N I N G E X E R C I S E E D N
A X D V J Y C I K M A W E I C G L N O N
N R W Q Q R X N T J D O S P O N Q I I J
N T V S N D M H W Y K A Z B B H U H E L
A C L V L D Y T S K R O W E R I F C U O
H A U C U A X P E Q S Q Z C H C C A L C
T B C Z S X Y B E S W Z U E D J V M K I
R E L X A T S C C A T Z A X N E M G R B
E F M G P D I L I F F R Z I B X O N T O
B Q S G S N G R F M T I Z S P Q W I W X
L Q G J A N H F T A R R I Q J S D U N
A P G P M O A R T H T T E E A T G N V G
S S Q L R L P T I U I T G V A J T E N K
R A M N T S A Z U D D O U N E L C V W D
M J A O K C G T N H Z U L R D F A S S C
M K W R K I K A S U J E Q P R D T R N U
W N T U P E B R H V Y T J H C A S J M E
I T B H J A Y T H G I W D A C Y Q U W D
```

AIR HORN	FIREWORKS	STANLEY
BANDIT	HEART ATTACK	TEST
BEEP	MRS. ALBERT HANNADAY	TRAINING EXERCISE
DWIGHT	PANIC	VENDING MACHINE
FIRE ALARM	SMOKE	YOGA

"I'm not SAYING IT won't be hard. BUT WE CAN MAKE IT WORK. That's what SHE SAID."

—HOLLY FLAX

HOLLY FLAX

```
T I X G W U Y J R K P Y P J X E C M J Q
S H P V N D S C D V U X J N Q G C T W Z
S C N O F I I B O P Z R L Y W G F K R L
E I C R A A Z I I T Z C E P W E P B Z R
C N G P Q I T A Z C K O T Z B Z O Q E L
R C K M T M I C H A E L S C O T T F V O
U I K I F E N D I G A O G K P O S H G V
O P X G B G N A L C L R E F G N C O A E
S Y Z S B X U Z V X C A T W A V F Z M I
E N O L H G E V L F S D E R P G Q J O N
R A O I S B N D J M V O T T D S O R A T
N P D I Z L D W B I M H H D O R K Y W E
A M E X S N O B O I D B I C M W P P B R
M O B Q N S S U I O A S C T S C O V X E
U C F Z A L E A S I D B A G I Y Z I O S
H I A P S F X R U Q G Y L I T D F N M T
H N A H H P K S P J E Y D M R I X H M I
W E R G U O J M E M K J W O S J F H I V
L X H L A P M Y Y Z I J M N L D U Y J F
K L S P F L F Z N I I Z Y C Z L R L O F
```

COLORADO

COMPANY PICNIC

DORK

HAZING

HUMAN RESOURCES

IMPRESSIONS

IMPROV

INNUENDOS

LET'S GET ETHICAL

LOVE INTEREST

MICHAEL SCOTT

NASHUA

TRANSFER

WOODY DOLL

YOGA

THREAT LEVEL
MIDNIGHT

THREAT LEVEL MIDNIGHT

```
D O H R E E C D U N V H T V F O L R Y B
G E A E R C V R O E N A M T F Q G T E O
B X J N I E A A S T Y T A E I V O M K Z
J K N P U O L F F V H N W B G M S B C V
F B D D R R M T N X Z E L E E Y E X O J
F G F E O M K O U E S G S K N T T F H N
C A K Q N V N C P B D A D C W W R N M N
O M B Q X Q S H A P E L B N A B V A Q X
W U M S Z D R W B J G U O M C R W U I K
A R T A C Y K N U F E H T G O Q N L X V
I A O C L A B A Z Q N E F D L B U T N G
S C N K C K R G A V B J K V C T B Z K D
L B U Y A L P N E E R C S O K P Y F B I
E T Z D L T N B M Y C G G E R Z O I U Z
F M Z D P F D L A A L R V L B E W X R D
I G V C N N A D C D N U M U H D H C I Y
V R V E I P R Q H W A O V H N D T C X L
E O A I X B G K V K B W R G H C J E P B
S W P J O W I S P E E D S K A T I N G Y
C L E A N U P M U X Z R I A X I I L K Q
```

AGENT	CLEANUP	MOVIE
AISLE FIVE	DO THE SCARN	SCARN MANOR
BOMB	FBI	SCREENPLAY
BUTLER	GOLDENFACE	SPEED SKATING
CHEROKEE JACK	HOCKEY	THE FUNKY CAT

"

I WANT YOU
to think about
YOUR FUTURE
in this company.
I want you
to think about it
LONG AND HARD.

"

—MICHAEL SCOTT

THAT'S WHAT SHE SAID

```
P N F D I R E C T L Y U N D E R H E R Y
S A T I S F I E D A N D S M I L I N G I
F D T G U E G U H S I S I H T M A E A R
X E N E C Y O U A L R E A D Y D I D M E
U B G H A R D L Y M Y F I R S T D G W T
G O L E I W C E U E O U O D L Y R C I H
N T R E T Q O E D B O O Z X L Q A V C G
O S T I N O R E T T U B T U P I H V P I
L I O X N T U Z J W T G E Z Y P D M M A
Y H R H Y O N T O P O F T H I S N F H R
A T P X J R L H O Z M N V L W U A C F T
D T V U B C O X M F B V Z C O V G B R S
L U Y V T O H Q M A M N J X B P N Z J T
L P N E V I W J C M T Y L B C E O B B A
A G R B U F T K O I R T N V K U L I O H
W X D U X P O A P P F J S O E M P B V T
K Y T Q H N M L W S P D E C O K H Q L E
C T Z I T E B F S A Z R E X D K C L A K
C A X O C A Y B Q A Y K J K Z Q G R F A
I M P O S S I B L E T O R I S E U P R M
```

ALL DAY LONG	IMPOSSIBLE TO RISE UP	PUT IT AWAY
BACK ON TOP	LONG AND HARD	PUT THIS TO BED
DIRECTLY UNDER HER	MAKE THAT STRAIGHTER	SATISFIED AND SMILING
GET OUT OF MY NOOK	ON TOP OF THIS	THIS IS HUGE
HARDLY MY FIRST	PUT BUTTER ON IT	YOU ALREADY DID ME

WORLD'S BEST BOSS

DUNDIE AWARD

Word Search
SOLUTIONS

SOLUTIONS

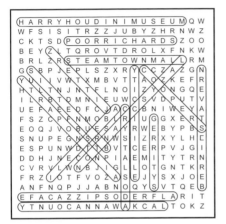

PAGE 3: SCRANTON, PENNSYLVANIA

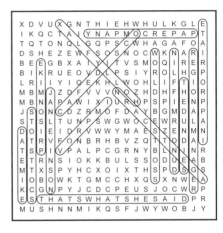

PAGE 5: MICHAEL SCOTT

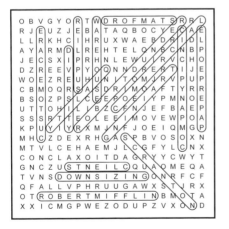

PAGE 7: DUNDER MIFFLIN

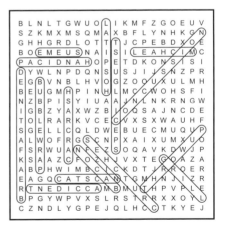

PAGE 9: THE INJURY

SOLUTIONS

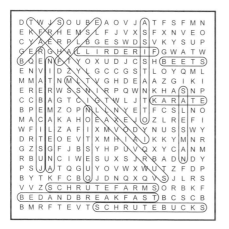

PAGE 11: DWIGHT SCHRUTE

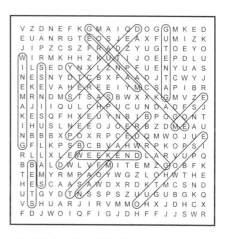

PAGE 13: SCHRUTE FARMS

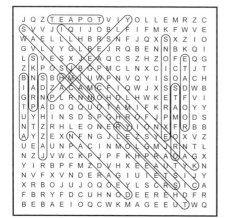

PAGE 15: JIM HALPERT

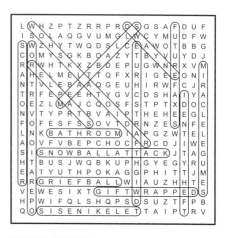

PAGE 17: PRANKS

SOLUTIONS

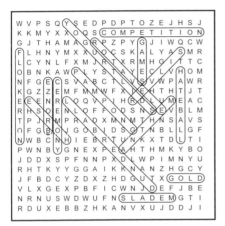

PAGE 19: OFFICE OLYMPICS

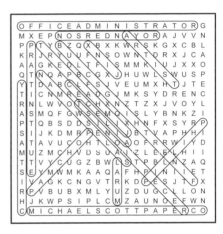

PAGE 21: PAM BEESLY

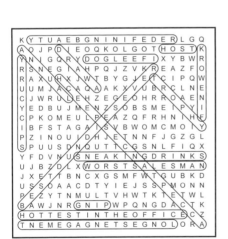

PAGE 23: THE DUNDIES

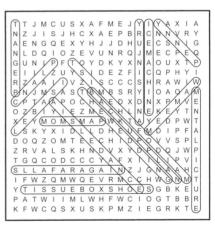

PAGE 25: NIAGARA

SOLUTIONS

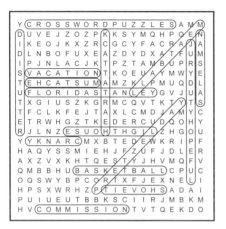

PAGE 27: STANLEY HUDSON

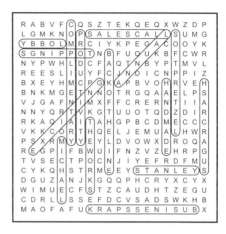

PAGE 29: PRETZEL DAY

PAGE 31: MEREDITH PALMER

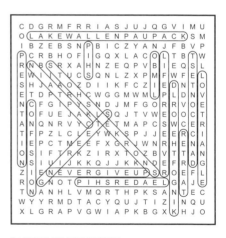

PAGE 33: BOOZE CRUISE

SOLUTIONS

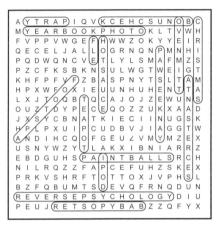

PAGE 35: CHRISTMAS PARTY

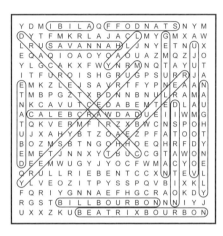

PAGE 37: MURDER

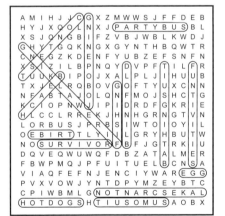

PAGE 39: BEACH GAMES

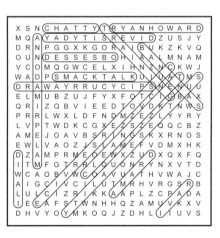

PAGE 41: KELLY KAPOOR

SOLUTIONS

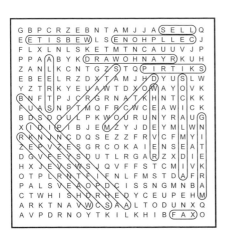

PAGE 43: VALENTINE'S DAY

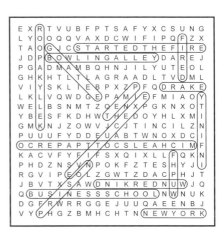

PAGE 45: RYAN HOWARD

PAGE 47: WUPHF

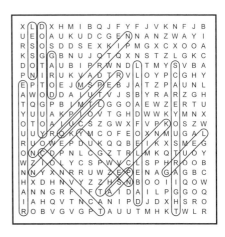

PAGE 49: PRISON MIKE

SOLUTIONS

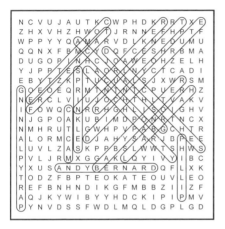

PAGE 51: ANGELA MARTIN

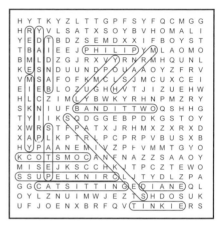

PAGE 53: ANGELA'S CATS

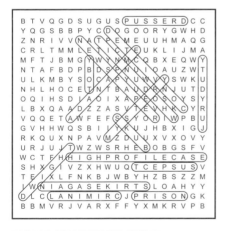

PAGE 55: SCRANTON STRANGLER

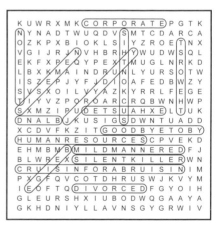

PAGE 57: TOBY FLENDERSON

SOLUTIONS

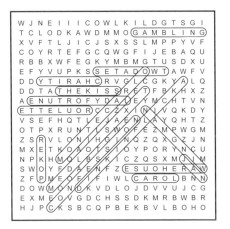

PAGE 59: CASINO NIGHT

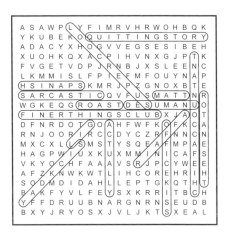

PAGE 61: OSCAR MARTINEZ

PAGE 63: CONFLICT RESOLUTION

PAGE 65: FUN RUN

SOLUTIONS

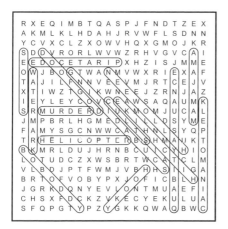

PAGE 67: CREED BRATTON

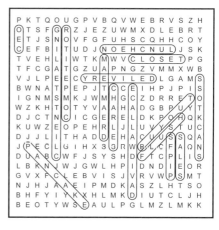

PAGE 69: MICHAEL SCOTT PAPER COMPANY

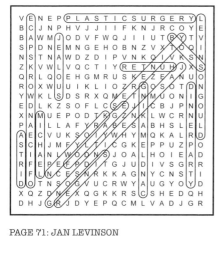

PAGE 71: JAN LEVINSON

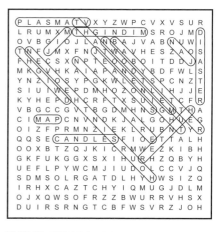

PAGE 73: THE DINNER PARTY

SOLUTIONS

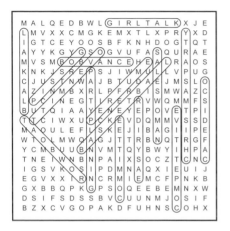

PAGE 75: PHYLLIS VANCE

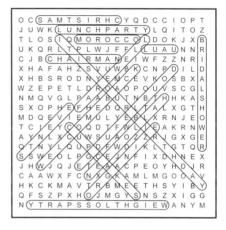

PAGE 77: PARTY-PLANNING COMMITTEE

PAGE 79: BOB VANCE

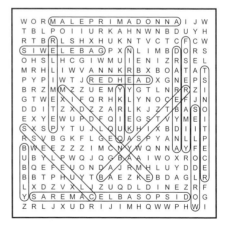

PAGE 81: ERIN HANNON

SOLUTIONS

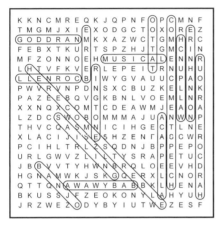

PAGE 83: ANDY BERNARD

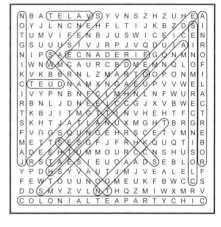

PAGE 85: GARDEN PARTY

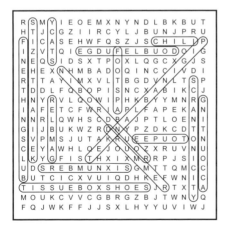

PAGE 87: KEVIN MALONE

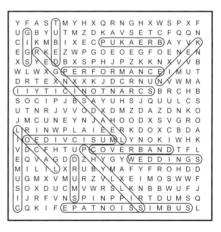

PAGE 89: SCRANTONICITY

SOLUTIONS

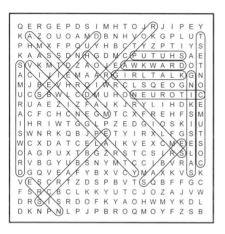

PAGE 91: GABE LEWIS

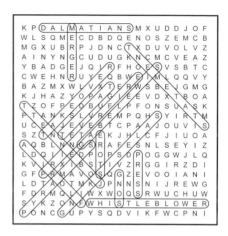

PAGE 93: SABRE

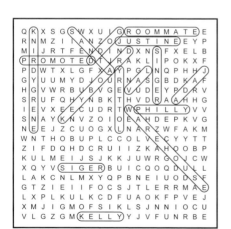

PAGE 95: DARRYL PHILBIN

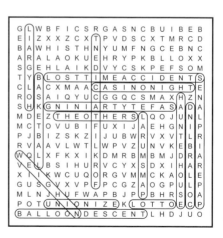

PAGE 97: THE WAREHOUSE

SOLUTIONS

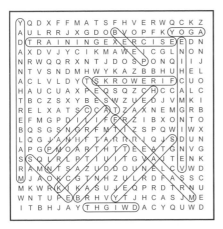

PAGE 99: THE FIRE DRILL

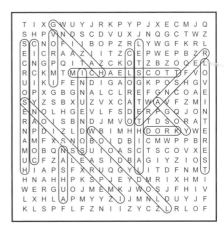

PAGE 101: HOLLY FLAX

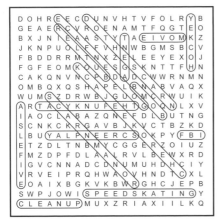

PAGE 103: THREAT LEVEL MIDNIGHT

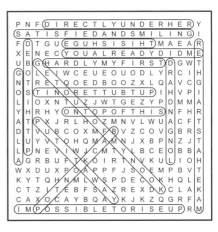

PAGE 105: THAT'S WHAT SHE SAID